LAURA VERONI

LETTERA

AD

UNO PSICHIATRA

Carissimo,
chissà a quanti altri insegnanti sarà venuto in mente, dopo aver letto il Suo libro "LETTERA A UN INSEGNANTE", di risponderLe? E chissà quanti, magari, l'hanno anche fatto, inviandoLe lettere...

L'istinto di prendere carta e penna è venuto subito anche a me, non appena ho letto le Sue prime righe, ma poi ho pensato: a quale indirizzo posso spedire la posta? Potrei inviare una mail ad un giornale?... E invece mi è venuta voglia di risponderLe esattamente come Lei ha voluto scrivermi, cioè mediante una lettera-libro.

Ritengo abbia fatto bene a non scrivere la missiva alla scuola in senso generico, perché sono certa che avrebbe fatto la fine che aveva presupposto: sarebbe molto probabilmente stata protocollata e poi rinchiusa in fondo a qualche cassetto, senza nessuno che si sarebbe preso la briga di rispondere.

Ho da poco terminato di leggerla. Che dire?... I pensieri si rincorrono e fatico quasi ad inseguirli e metterli in ordine, per risponderLe. Innanzitutto ritengo sia opportuno spiegare chi sono, in che veste rispondo e perché lo faccio.

Parto quindi col dire che sono un'insegnante di scuola media inferiore e lavoro quotidianamente con ragazzi di età compresa tra i 10 e i 15 anni.

Rispondo alla Sua in triplice veste: insegnante, persona, madre, con una prefazione in veste di ex studentessa. Avrei preferito invertire l'ordine delle prime due categorie e mettere in testa la PERSONA, ma ho scelto di partire dal mio ruolo di docente, proprio in quanto la Sua è una LETTERA AD UN INSEGNANTE. Le cose che ho da dire saranno dunque affrontate ora dal punto di vista strettamente professionale, ora da quello umano, ora, infine, da quello genitoriale, che, poi, è in parte riconducibile al precedente.

Forse Lei, quando ha scritto il Suo libro, non si aspettava una risposta, forse si attendeva unicamente di *aprire la mente* di noi docenti a "nuove" riflessioni. Forse...

Ma io, leggendo le Sue parole, non ho potuto fare a meno di iniziare a scrivere e riempire diverse pagine di un blocchetto di appunti, per risponderLe senza il rischio di perdere il filo del discorso o di perdermi io stessa nei meandri delle più svariate elucubrazioni filosofiche. La mia non sarà *la risposta degli insegnanti*, ci tengo a precisarlo: sarà LA MIA RISPOSTA DI INSEGNANTE!

Inizialmente ho accolto la Sua lettera con gioia e buona disposizione d'animo, come si fa in genere, quando si riceve una missiva da un conoscente, sentimento che ho perso via via, durante la lettura, ma che ho ritrovato infine, nelle ultime righe.

Mi sono trovata d'accordo con diverse Sue affermazioni, ma anche in disaccordo, oserei dire "feroce", con altre, che mi hanno caricata di una fortissima spinta a voler terminare in fretta la lettura, senza purtuttavia perdermi nemmeno una virgola del Suo scritto, per buttarmi a capofitto a rispondere anima e corpo, come si suol dire, perché dentro mi ribollivano troppe emozioni (indice che ha colto nel segno, immagino stia pensando) e in testa i pensieri viaggiavano alla velocità di un frullatore e mi premeva metterli nero su bianco, prima di perderli per strada.

Ho deciso di prendere il Suo libro in parte come autoaggiornamento, in parte come utile consiglio, comunque benevolo, come ritengo sia nelle Sue intenzioni, del resto apertamente da Lei stesso dichiarate. Sono contenta di averlo letto e reputo opportuno che ogni insegnante lo faccia, poiché ognuno di noi avrebbe delle riflessioni importanti da fare su se stesso e sulla propria professione al proposito.

Detto questo, vorrei partire dal valore che l'insegnante ha avuto per me, nell'arco della mia vita da studentessa, citando alcuni esempi, esattamente come ha fatto Lei, per trarne delle conclusioni. Non considererò la scuola dell'infanzia, quella che ai miei tempi era semplicemente chiamata asilo, in quanto gestita da religiose di cui non conservo un buon ricordo (le uniche cose che mi sono rimaste impresse di quegli anni sono la grande tristezza nel dover lasciare mia madre, la severità arcigna della madre superiora e il terribile sapore delle carote cotte al vapore, che mi obbligavano a mangiare). Della maestra delle elementari, invece, ho un chiaro ricordo: era una donna piuttosto anziana (aveva i capelli grigi come il ferro), robusta, piccola di statura, avvolta sempre nel suo grembiule nero, con gli occhiali calati sul naso e il viso aperto e disponibile al sorriso. Regalava i voti. Li regalava, sì, anche se uno non aveva capito niente della lezione, anche se non aveva studiato e quel voto positivo proprio non se lo meritava.

Ricordo di quella volta in cui mi interrogò su Cristoforo Colombo e la scoperta dell'America. Mi disse: "Dimmi il nome delle tre caravelle e ti mando al posto con un bel voto.".

Sfido chiunque a non conoscere il nome delle caravelle di Colombo! Non le importò verificare altro. Avrei anche potuto ignorare chi fosse costui, perché mai avesse compiuto quel viaggio e come fosse giunto fino là, in un continente nuovo e sconosciuto agli europei del tempo. Mi diede 10 (allora usavano i voti alle elementari, come oggi alle scuole superiori, e non i giudizi).

A lei bastava che tutti stessero zitti e composti (il voto di condotta era uno dei più importanti, se non il più importante in assoluto!). Se uno si comportava da bravo bambino, entrava nelle sue grazie e la sua pagella si riempiva di bei voti, salvo arrivare alla fine dell'anno e non avere imparato niente.

La mia maestra era una donna materna, la classica chioccia con i suoi pulcini.

Io, però, non riuscii a capire bene quale fosse il valore della scuola, dello studio, dei compiti, del conoscere, del sapere, di quella che possiamo definire, con termine troppo grosso per un bambino, cultura. Nemmeno capivo perché andassi a scuola: dovevo andarci e basta. I grandi dicevano che, se un bambino si rifiutava di andarci, venivano le guardie a casa a prenderlo, proprio come nella fiaba di Pinocchio. La maestra ci obbligava ogni mattina a marciare in classe, sulle note dell'inno di Mameli: *Fratelli d'Italia...* Percorrevamo tutto il perimetro interno della classe, in fila come soldatini, con le ginocchia bene alzate e le braccia tese lungo i fianchi che ondeggiavano a tempo. Guai fermarsi o abbandonare la propria posizione e la fila! Sembrava quasi una questione di vita o di morte!

Ricordo che una mattina a un mio compagno scappava la pipì, ma non poteva smettere la sua marcia. Aveva alzato la mano per chiedere alla maestra il permesso di andare in bagno, ma questa gliel'aveva negato e lui se la fece addosso, seminandola per tutta la classe. Noi compagni, allora, marciavamo a gambe larghe, per evitare di calpestare la sua scia e impiastricciarla sulle nostre scarpe e sul pavimento. Fui contenta in quell'occasione: mi sembrò una giusta punizione per la maestra, per la sua mancanza di elasticità mentale, per il suo assoluto rigore disciplinare. Mi spiacque solo per la bidella, la signora Mafalda dalle dita deformate dall'artrite, la quale dovette pulire il pavimento subito dopo.

La mia generazione aveva evitato per un pelo l'epoca delle punizioni corporali (per fortuna, altrimenti non so cosa sarebbe toccato al mio povero compagno!), ma risentiva ancora dell'eco di quella disciplina vecchio stampo e non era esente da castighi esemplari.

Ricordo i due peggiori a cui venivano sottoposti gli alunni indisciplinati: dovevano restare in piedi dietro la lavagna per tutta la mattina oppure dovevano stare in piedi di fianco alla cattedra, con la sedia rovesciata sulla testa ed erano oggetto di scherno, nonché esempio da non seguire, per i compagni dal posto.

Quando qualcuno poi non capiva le spiegazioni della maestra, si sentiva apostrofare da questa davanti a tutta la classe come ASINO, SOMARO, SCIMUNITO.

A me una volta toccò il termine scimunita. Non capivo bene che cosa significasse, anche perché lo avevo sentito pronunciare solo dalla maestra e da nessun altro, ma intendevo che doveva trattarsi di qualcosa di poco carino, visto l'accoppiata con gli altri due e il tono di voce con cui veniva pronunciato. Mi ferì profondamente e provai quasi un sentimento di perdita: temevo di avere perso la stima e l'affetto della maestra. Il tutto perché non avevo capito come si eseguiva una divisione. Ma ero una brava bambina, educata, carina, a modo e la mia pagella era piena di 10 e 10 con lode.

Arrivati in quinta elementare, cambiammo maestra (la nostra era andata in pensione). La nuova era relativamente giovane, di carattere frizzante, vivace e briosa. Era cicciotella, con occhi azzurrissimi, capelli rosso fuoco e labbra dipinte con un rossetto dello stesso colore. Era gentile, ma meno chioccia e, soprattutto, dava meno importanza all'essere bravi bambini composti, silenziosi ed educati e dava più credito a quelle che dovevano essere le nostre conoscenze.

Quando accertò il nostro livello di preparazione, si mise le mani nei capelli: non sapevamo quasi niente!

Ancora ricordo la disperazione di mia madre, quando portai a casa il mio primo 7 in matematica. Non riusciva a capacitarsene: orrore! Come poteva essere successo, dopo che l'altra maestra mi aveva sempre dato 10? Io non riuscii a intendere appieno il senso di quella disperazione, ma, di riflesso, mi sentii a mia volta un somaro.

Col tempo, con la nuova maestra, iniziai a capire cosa volesse dire studiare veramente (non bastava conoscere il nome delle tre caravelle di Cristoforo Colombo, per sapere che cos'era stata la scoperta dell'America!) ed essere apprezzati più per quello che si conosceva e si sapeva esporre, anche in bella forma, che non per i sorrisi composti e un po' ruffiani che si dispensavano.

6

La scuola media rappresentò il periodo scolastico più bello e spensierato, ricco di soddisfazioni: grazie alla nuova maestra avevo imparato a studiare e ad apprezzare la conoscenza e potei mettere a frutto i suoi insegnamenti senza fatica.

Tra i tanti professori della scuola media, ne ricordo con affetto due in particolare ancora oggi: la docente di lingua inglese del primo anno e quella di lettere del terzo.

La prima perché era brava, bella, affascinante, dolce con noi alunne (le scuole secondarie, ai miei tempi, erano costituite da classi solo femminili o solo maschili) e sapeva spiegare bene. Ma quello che colpiva di più era il suo modo di fare, che catturava l'attenzione e incantava. Oserei definirlo... seducente! Mi piaceva talmente tanto come persona, prima che come insegnante, che divenni bravissima nella sua materia per due motivi: spirito di emulazione (volevo essere come lei) e desiderio di darle soddisfazione e renderla orgogliosa di me. La seconda mi aveva colpito per la sua empatia nei confronti della classe e perché ci faceva partecipi della sua vita durante le ore di lezione, mettendosi a nudo, raccontandoci le sue esperienze di ragazzina, aneddoti della sua vita quando aveva la nostra età e qualche anno in più. Adoravo quell'insegnante! Per me era quella che corrisponde alla figura del docente mito, anzi di più, perché, nonostante la sua bellezza già andasse sfiorendo (e poi bellissima proprio non era!) a causa dell'età, rifulgeva ugualmente, grazie alle sue qualità interiori: carisma, prima di tutto, partecipazione, piacere d'insegnare, ottime capacità comunicative unite ad una buona dose di autorevolezza.

Durante gli anni del liceo, trovai una sola figura di riferimento importante e fu quella che segnò e determinò la scelta della mia carriera futura, che poi è l'attuale, quella di insegnante, appunto: il professore di italiano e latino. Fu il primo che mi diede fiducia nelle mie capacità. A fatica, fino ad allora, riuscivo a produrre testi oltre la sufficienza e non riuscivo a spiegarmi il perché: eppure ce la mettevo tutta! Ma ogni volta, alla consegna del tema, 6   6,5   6-... Eppure io avevo tante cose dentro che premevano per uscire, per essere finalmente espresse. Solo che nessuno, fino a quel momento, me ne aveva data l'occasione. Alfio, così si chiamava, seppe tirare fuori il meglio da me. Riuscì a farmi sentire apprezzata nella mia interiorità e con lui, dopo gli anni del ginnasio e la prima liceo, trascorsi a risicare i 6 in italiano, riuscii a dare il meglio di me stessa e iniziai a collezionare gli 8, i 9 e persino i 10! Fu capace di infondermi una tale fiducia in me stessa e nelle mie capacità, che cominciai a scrivere per diletto, divenendo, nella sua materia, una delle migliori della classe, additata, per i temi, ad esempio ai miei compagni, specie durante l'anno della maturità: studiavo con immenso piacere la letteratura, perché avevo imparato ad amarla, come avevo imparato ad amare l'arte di scrivere e così pure l'animo di chi scriveva. Fu così che decisi che sarei diventata anch'io come lui, per affascinare i miei alunni alla mia materia, esattamente come lui aveva fatto con me: insegnante di lettere.

Tutti questi insegnanti, come Lei stesso ha asserito nel Suo libro, hanno incarnato un po' l'ideale del bravo insegnante, quello che sa attuare la *maieutica socratica* e sa "tirar fuori" il meglio dal proprio allievo, anziché metterci dentro qualcosa, "imbottendolo" di nozioni e informazioni sterili. Hanno incarnato, per me, l'ideale del vero educatore, laddove per educare intendiamo proprio la traduzione letterale del termine: *e + duco = tiro fuori*.

L'Università, invece, ha rappresentato un periodo che voglio definire, con termine rubato dalla letteratura, di *studio matto e disperatissimo*. Ho frequentato solo il primo anno e una parte del secondo, perché mi pesavano infinitamente il viaggio in treno e la vita da pendolare e così sono andata fuori corso. Ad un certo punto del cammino, infatti, ho perso ogni motivazione e la stanchezza mentale ha preso il sopravvento insieme alla voglia di mollare tutto e metter su famiglia. Dopo un lungo periodo di crisi, ho deciso di sposarmi e prendere l'università in modo diverso, dato che ormai vivevo con profonda angoscia ogni esame e con un senso di oppressione quasi insopportabile il periodo di preparazione.

Avevo perso i contatti con i compagni, nessuno che mi passasse più appunti, nessuno "sconto" sulle materie di studio, cosa, invece, concessa ai frequentatori regolari delle lezioni, ai quali era consentito prepararsi su dispense, appositamente approntate dai docenti, e ai quali erano condonate alcune parti dello studio, in quanto spiegate durante le lezioni frontali in aula, supportate, a volte, da attività laboratoriali di gruppo.

Credere che cambiare la mia vita col matrimonio avrebbe potuto portare ad un cambiamento positivo anche nei confronti dello studio e mi avrebbe aiutata a superare la crisi fu un errore: fatica, peso, mancanza assoluta di motivazione e stanchezza mentale incrementarono e vedevo la meta sempre più lontana.

Strinsi i denti e mi imposi di andare comunque fino in fondo. E, grazie a Dio, riuscii a superare la crisi.

Colpo di fortuna, il destino volle che, esattamente un mese dopo la laurea, fosse bandito un concorso a cattedre, al quale mi iscrissi subito e che superai per la *classe di concorso A043: italiano, storia ed educazione civica, geografia nella scuola secondaria di primo grado.*

Ma non tutto fu semplice: da quel momento, infatti, ebbe inizio il lungo travaglio delle graduatorie, dei punteggi, delle supplenze (una settimana qua, due là…), dei lunghi periodi di silenzio, quando nessuna scuola chiamava, fino ad iniziare la tanto agognata scalata della graduatoria provinciale del Provveditorato (oggi CSA), quindi delle supplenze annuali, con l'incertezza, però, ogni volta, dell'assegnazione della sede, con relativa ansia (dove andrò a finire quest'anno? Vicino a casa o lontano?Come sarà il nuovo ambiente scolastico? Mi troverò bene? E i colleghi? E il Dirigente?…) e relativo adattamento alla nuova situazione, fonte di non poco stress. Poi, finalmente, dopo anni di precariato, il ruolo!

Ma Lei tutto questo lo sa e lo ha riconosciuto nella Sua lettera, in una delle pagine iniziali.

Forse, però, non tutti lo sanno. C'è gente che si immagina il lavoro dell'insegnante come una tranquilla passeggiata. Spesso mi sono sentita dire (e continuo a sentirlo): "Voi insegnanti siete fortunati: prendete un sacco di soldi e lavorate poco! In più tre mesi di vacanza all'anno, senza contare Natale e Pasqua! Al mattino a scuola e al pomeriggio a zonzo!… E' uno scandalo!".

A questo proposito, mi sento di spendere due parole, per far luce su queste false credenze, a difesa della categoria.

L'insegnante, è vero, svolge un lavoro quasi esclusivamente mattutino con la classe, anche se in molte scuole (la mia compresa) si tengono diverse attività pomeridiane. I giorni di lezione, per legge, devono essere non inferiori al numero di 200, ma mentre gli studenti chiudono i libri al 10 di giugno, per riaprirli a metà settembre (salvo recupero debiti, questione che riguarda unicamente la scuola media superiore, mentre per gli altri ordini di scuola si tratta al massimo di svolgere i compiti estivi), per noi docenti non è così: il nostro lavoro continua anche in assenza di alunni. Continuiamo, infatti, ad andare a scuola, per svolgere attività che spaziano dall'aggiornamento, alla progettazione, alla programmazione, alle commissioni di lavoro su svariati argomenti. Inoltre, nei periodi in cui le lezioni sono sospese, restiamo comunque a disposizione della scuola.

E non dimentichiamo che il docente, a casa, prepara le lezioni, corregge i compiti, pianifica il lavoro del giorno seguente, segue corsi di aggiornamento, in sede e fuori sede, partecipa a consigli di classe, collegi docenti, riunioni di progettazione collegiale per la stesura delle attività interdisciplinari...

Se poi consideriamo i vari ruoli all'interno della gerarchia scolastica, dobbiamo anche aggiungere le riunioni delle FS (o figure strumentali di supporto al lavoro del Dirigente scolastico) e quelle dei responsabili di sede.

E non tutte le ore di attività extracurricolari sono retribuite, ci tengo a precisarlo!

Mio marito sostiene sempre che siamo l'unica categoria di lavoratori che accetta di lavorare gratis. Non aggiungo altro ai suoi commenti, ma lascio spazio all'immaginazione di chi legge.

E molta gente tutto questo non lo sa.

Ci sono professioni che comportano spesso problemi di salute e la stessa professione docente non ne è esente: lo stress, in primis, che, si sa, genera malanni di diverso tipo.

Ho letto, tempo fa, su una pagina del "Corriere" un articolo in cui si trattava della statistica dei malanni degli insegnanti: mal di stomaco, colite, cefalee, tracheiti; per non parlare degli esaurimenti nervosi e della... sordità. E' scientificamente provato, a quanto pare, che il 65% degli insegnanti va in pensione con problemi di udito. Ci si chiede il perché? Siamo spesso in mezzo al caos, al chiasso dei ragazzi, che urlano e fanno baccano durante l'intervallo, che gridano in classe, parlandosi l'uno sopra l'altro, per intervenire nelle discussioni... A volte, quando rientro a casa, sento proprio il *bisogno del silenzio*. Quand'ero una giovane studentessa, appena tornavo a casa, erano musica "a palla" e televisione a tutto volume, un po' quello che fanno i miei figli oggi. Adesso, invece, VOGLIO il silenzio. "Vi prego, spegnete la televisione! Abbassate la musica! Non urlate, non litigate!". Sono parole che ripeto spesso. E spesso in tono di supplica...

Ho ritagliato l'articolo e l'ho conservato STANCHEZZA E DEPRESSIONE, INSEGNANTI CON IL "MAL DI CATTEDRA", indagine su mille docenti milanesi: rispetto agli altri dipendenti pubblici raddoppiano il rischio di patologie psichiatriche e tumori. L'articolo è firmato Annachiara Sacchi (asacchi@corriere.it). Voglio riportarne di seguito alcuni passi.

Scarsa retribuzione, troppe responsabilità, scontri con colleghi e genitori: dalle materne alle superiori aumentano lo stress e la perdita di autocontrollo.

Gli esperti: le famiglie hanno ormai delegato il compito di far crescere i ragazzi, a lungo andare gli stati d'ansia indeboliscono le difese immunitarie. Sono stanchi, apatici, hanno disturbi relazionali e soffrono di affaticamento mentale e fisico. Si ammalano di laringite e sono esposti al rischio di neoplasie. E sì che vengono accusati di lavorare poco. *Insegnanti sotto stress. Perché a soffrire di mal di scuola non sono solo i bambini e gli adolescenti. Anzi. I docenti sono i più colpiti dalla sindrome del "burn out" tra i dipendenti della pubblica amministrazione. Lo rivela lo studio "Golgota" della fondazione Iard che ha messo a confronto circa mille professori milanesi con altre tre categorie professionali (impiegati, personale sanitario, operatori manuali). Risultato, gli insegnanti sono i più soggetti alle psicopatologie psichiatriche (il rischio è doppio rispetto agli altri lavoratori).*

A spiegare le ragioni di questo fenomeno è Vittorio Lodolo D'Oria, responsabile dell'area scuola e sanità della Fondazione Iard e ideatore dello studio "Golgota". "Il vero problema —dice — è che la famiglia è stata smantellata e tutte le responsabilità, ormai, pesano sulle spalle degli insegnanti. Alla scuola viene delegata l'intera crescita dei ragazzi, dalla prima infanzia all'adolescenza".

Altre cause del "burn out", la retribuzione insoddisfacente, il precariato, la conflittualità tra colleghi, il susseguirsi di riforme, la bassa considerazione sociale da parte dell'opinione pubblica, l'alleanza genitori-figli a danno dell'asse genitori-insegnanti. Tutti fattori che portano ad affaticamento, a un atteggiamento di distacco nei confronti della classe, alla diminuzione dell'autocontrollo.

Non solo problemi psichiatrici, però. Le patologie laringee si verificano nei professori venti volte di più rispetto agli altri lavoratori e alta è la frequenza di tumori nei docenti...

Secondo lo studio, il burn out colpisce gli insegnanti di tutti i livelli... Laura Colombo, maestra all'elementare Dante Alighieri di via Mac Mahon sostiene che "si è sempre sotto stress. Le famiglie delegano molto, ma, se non si risponde alle loro esigenze, sono pronte a metterti alla gogna. Rispetto a quando ho cominciato questo mestiere all'insegnante vengono chieste sempre più competenze, dall'educazione stradale al computer. Ma non possiamo essere tuttologi. Serve molto equilibrio e solidità, altrimenti il nostro è un lavoro veramente duro".

...

Che mi dice di questo, dottore? Si è mai trovato a lavorare con docenti "ammalati"?

Per quel che mi riguarda, fortunatamente, finora, sono stata colpita solo da laringiti e tracheiti (in media due all'anno), più, in certi periodi, da stati di affaticamento mentale, più che fisico (anche se pure questo non ha mancato di farsi sentire), ma ho avuto colleghi e colleghe che si sono ammalati di esaurimento nervoso e hanno dovuto "abbandonare" l'insegnamento per lungo tempo, e, purtroppo, ho avuto anche colleghi che si sono trovati a dover lottare contro tumori e qualcuno di loro non ce l'ha fatta a vincere la battaglia.

Ma cambiamo discorso e veniamo ad un altro passo della Sua lettera.

E' vero, non tutti i docenti sono uguali.

Lei, dottor Andreoli, ha scritto che il docente è un ATTORE IMPORTANTE della classe e su questo punto mi trova perfettamente d'accordo, perché sono dell'idea che siamo noi insegnanti a fare la scuola, siamo noi che ne decretiamo la funzionalità, il grado di successo, la qualità, ma soprattutto siamo noi che FORGIAMO I RAGAZZI CHE CI VENGONO AFFIDATI dalle famiglie e quindi in gran parte da noi dipendono il successo e la positività della società del futuro.

Concordo anche con il termine che Lei utilizza in tutto il libro: allievo. Allievo, sì, perché noi abbiamo il delicato compito di allevare questi figli e dobbiamo, a parer mio, farli un po' anche figli nostri. Anch'io ho in mente l'immagine del docente ideale e cerco di adeguarmi il più possibile a questa, anzi, direi che lo faccio spontaneamente ed inconsapevolmente, perché è così che mi viene di fare, forse per quei modelli che ho interiorizzato a mia volta nel passato e fatti miei.

Per me l'insegnante ideale, come prima cosa, AMA I SUOI ALLIEVI come fossero suoi figli, non attua distinzioni di sorta, al di là di antipatie e simpatie che inevitabilmente ci sono (inutile negarlo: siamo esseri umani, dotati, oltreché di intelligenza, di sentimenti ed emozioni). In secondo luogo, cerca di entrare in EMPATIA con loro, pur mantenendo il giusto e necessario distacco, che consente di valutare con obiettività le varie situazioni e di mantenerne il controllo. Partecipa dei loro problemi, delle loro difficoltà, dei loro dolori; li esorta ad esternarli, li incoraggia e li sostiene; raccoglie le loro confidenze spontanee e li aiuta a trovare dentro di sé il seme del positivo che c'è sempre, anche laddove, a volte, pare non esserci.

L'insegnante è aperto ai suoi allievi, nel senso che è come una casa, la cui porta aperta reca sopra di sé la scritta: "ENTRATE PURE SENZA BUSSARE: QUI TROVERETE ACCOGLIENZA.".

E' colui che è sempre disponibile e facile al sorriso. Non guarda mai i suoi ragazzi in "cagnesco", non cerca di incutere timore o soggezione, non si mostra come *colui che è in cattedra, mentre voi no e state al vostro posto*. E' colui che sa *mescolarsi* ai suoi allievi, che non si pone su un piedistallo, non è un tiranno che ordina e comanda e soprattutto non è colui che ha sempre ragione, ma colui che *accetta e riconosce anche le ragioni degli altri, col coraggio di ammettere i propri sbagli*. Insomma, *io non sono meglio dei miei allievi: sono solo più vecchia, più saggia e più esperta* di loro e per questo *mi faccio guida*, mettendomi ogni volta in gioco e, a volte, persino in discussione.

Sono disponibile ogni volta che qualcuno ha bisogno di me e mi fermo ad ascoltare anche oltre le mie ore di lezione, senza l'occhio all'orologio perché il mio tempo è terminato e cerco di esserlo anche per le famiglie dei miei ragazzi, laddove si presenti la necessità di un incontro.

L'insegnamento è un po' come una missione: chi non ha motivazioni profonde, chi non ama i giovani e non sa o vuole mettersi in discussione, non dovrebbe fare l'insegnante.

L'insegnante è prima di tutto *persona* e come tale deve mettere se stesso nel rapporto con i ragazzi e non un'immagine COSTRUITA di sé. A questo proposito, richiamo la Sua espressione, quella in cui, appunto, cita la DOPPIEZZA di alcuni docenti, che a scuola mostrano un volto e fuori un altro.

Io reputo di essere sempre la stessa. Non esistono due me: credo nell'integrità della mia persona nella sua pienezza. Ma riconosco che tanti docenti si sdoppiano in una sorta di schizofrenica personalità. E questi sono quei docenti senza PASSIONE.

L'amore elargito ai giovani non può che dare buoni frutti e, se non a breve, a lungo termine, COMUNQUE verrà ricambiato e produrrà effetti positivi nella loro persona.

Ci sono alunni che ho avuto dieci anni fa che mi scrivono o telefonano ancora oggi, perché hanno compreso e apprezzato quello che ho dato loro come persona, prima che come insegnante.

Mi è capitato di recuperare casi cosiddetti "disperati", che non sapevano scrivere, che non riuscivano a "metter giù" un pensiero di senso compiuto, grazie all'affetto e all'incoraggiamento che ho manifestato verso di loro e in questo è la conferma che è il docente che fa amare la sua materia, non la materia che è amata per se stessa. Raramente ho fallito nel mio compito educativo, ma è capitato e l'ho vissuto come una SCONFITTA PERSONALE, di cui non vado orgogliosa. Non riuscire a recuperare un alunno sul piano educativo - didattico equivale ad essere sconfitti come insegnanti. Vale allora la pena di mettersi in discussione e domandarsi dove si è sbagliato. Ci sono docenti che propinano verifiche scritte dagli esiti catastrofici. Qualche volta è successo anche a me, ma, a quel punto, la mia osservazione è stata: se la maggioranza della classe ha conseguito un esito negativo, non può essere colpa loro: è per forza colpa mia: o ho somministrato una verifica troppo difficile, non alla loro portata, oppure non sono stata sufficientemente chiara nelle mie spiegazioni. E allora devo rivedere la mia posizione, tornare sui miei passi e mettere in atto strategie di recupero, quali che siano.

Ho trovato molto efficace lavorare col GRUPPO DEI PARI, al quale io sono estranea e partecipo solo come OSSERVATRICE, a disposizione per eventuali richieste d'aiuto.

Riunisco i ragazzi a gruppi di 3/4 ciascun, mischiando gli elementi per diverse fasce di livello. In ogni gruppo ci deve essere almeno un elemento valido, che funga da catalizzatore e guida per gli altri membri. Ho trovato più efficace questo tipo di lavoro per il recupero, che non l'assegnazione di compiti a casa sugli argomenti che non sono stati compresi: equivarrebbe a ripetere l'errore.

Invece ho notato che imparano di più dai propri compagni, che dalle spiegazioni dell'insegnante, forse perché hanno la stessa età e con loro è più semplice esternare le proprie difficoltà e incomprensioni che non con l'adulto insegnante, dal quale si sentono, comunque, giudicati.

Come per le verifiche scritte, così pure per le interrogazioni orali non ho mai cercato di COGLIERE I MIEI ALLIEVI IN CASTAGNA. Questo è un punto dolente che Lei ha toccato nella Sua lettera e che riconosco appartenere a un cospicuo numero di docenti e qui lo posso affermare come ex studentessa, come collega-docente e come madre di due figli in età scolare (una alle soglie della media e l'altro alle soglie della terza liceo scientifico).

E' vero: esistono anche insegnanti per cui l'interrogazione viene vista all'insegna del gioco psicologico dell' ORA TI BECCO IN CASTAGNA!

A questo proposito, mi sovviene il libro di Berne "A che gioco giochiamo", con l'analisi dei giochi psicologici all'interno dei rapporti interpersonali, in cui si può rinvenire un'espressione analoga nel significato, anche se formulata con termini meno eleganti, per così dire, ma assai efficaci: TI HO BECCATO, FIGLIO DI PUTTANA!

Sono sempre stata contraria alle interrogazioni a sorpresa, così come alle verifiche scritte a sorpresa (che sono ancora peggio). I miei ragazzi sanno sempre quando devono prepararsi, perché glielo comunico il giorno prima o qualche giorno prima, se si tratta di orale, e addirittura una settimana prima, se si tratta di scritto.

Infatti, mi domando, CHE SENSO HA SOMMINISTRARE VERIFICHE A SORPRESA, SE NON QUELLO DI VOLERLI A TUTTI I COSTI FREGARE? E' ovvio che gli esiti saranno negativi: non sono preparati!

Allora c'è da chiedersi quale sia lo scopo di una verifica: VERIFICARE, ossia ACCERTARE LE CONOSCENZE (e oggi con le UDA, o Unità Di Apprendimento, imposte dalla riforma, anche le COMPETENZE, cioè il saper fare nella situazione contingente, calata nella realtà) acquisite/raggiunte. Ragion per cui, io docente DEVO mettere i miei studenti in condizioni di raggiungerle. Che senso ha riempire il mio registro di OBIETTIVI NON RAGGIUNTI? Sono io docente l'incapace, se le cose stanno così e sono io stesso a decretare il mio fallimento!

La classe, come ha sottolineato giustamente Lei, dottore, *è il termometro di come funziona l'insegnamento*.

Su diversi punti mi sono trovata d'accordo con Lei, come ha potuto notare fin qui. Concordo appieno su alcune Sue affermazioni, quali, ad esempio, quella secondo cui il docente impara e deve imparare dagli alunni e deve stare al passo con i tempi (a questo serve l'aggiornamento continuo); che la scuola deve INSEGNARE A VIVERE il tempo presente nel luogo ove è impiantata (ecco sempre più l'attenzione focalizzata sulle realtà locali, che riscontriamo anche in alcuni libri di testo, nello studio delle varie discipline, specialmente la geografia, l'educazione civica, ma anche le scienze, le materie tecnologiche, l'educazione ambientale...) e in questo non c'è e non deve esserci gerarchia tra le discipline, poiché ognuna può essere maestra di vita ("historia magistra vitae", ma non solo, dunque); che l'insegnamento e l'impegno del docente devono essere improntati al DIVERTIMENTO, ad un INCONTRO SERENO, affinché la scuola non sia vissuta con angoscia e non crei stress ai nostri ragazzi (io cerco sempre di lasciare un ampio margine di spazio alle discussioni in classe su argomenti seri, ma anche leggeri, affrontati con serenità d'animo e non vedo quest'attività come perdita di tempo, come potrebbe invece essere vissuta da alcuni docenti, bensì come momento COSTRUTTIVO della mente e dello spirito dei miei alunni); che il sapere dev'essere visto e considerato come un investimento, perché fa RICCA LA PERSONA PIU' DI QUANTO FACCIANO I SOLDI; e concordo pienamente anche sul fatto che il bravo insegnante non debba abbandonare per strada gli alunni peggiori, per portare avanti quelli bravi (le più grandi soddisfazioni professionali e umane mi sono sempre venute dagli esiti postivi raggiunti da ragazzi che temevo non potessero farcela o che erano addirittura stati giudicati da altri come dei "casi senza speranza").

Ma... adesso arrivano i "ma" e do inizio, ahimè!, alla serie delle contestazioni, toccando tutti quei punti sui quali non mi trovo affatto in sintonia col Suo giudizio e con le Sue opinioni e che, comunque, non sono poi così tanti.

Cercherò di andare per ordine, seguendo la sequenza degli appunti che ho preso durante la lettura.

Lei, dottore, ha contestato l'uso del pc nella didattica, anzi, mi correggo, nella RELAZIONE DIDATTICA alunno – insegnante, partendo dal presupposto che il computer non si relaziona e sottolineando quanto, invece, sia importante il sentimento nel rapporto umano. Ora, sono d'accordo nell'affermare l'importanza fondamentale del sentimento (e mi pare di avere già speso sufficienti parole al riguardo nelle pagine precedenti), ma mi sento di fare altrettanto il tifo per uno strumento didattico così utile e prezioso e, oso persino dire, così stimolante per la didattica, tanto per l'allievo quanto per il docente, qual è il computer.
Non dico di essere una fanatica di questa macchina, ma posso affermare che ne faccio un uso quotidiano nella mia vita tanto professionale quanto personale.

So che ci sono docenti della "vecchia guardia" che aborrono questo strumento e ne stanno a debita distanza, ma sono convinta che lo facciano più per "paura" che per reale convinzione che non serva a nulla. Inoltre, mi sento di aggiungere, trovo una contraddizione tra quello che Lei afferma in certi passaggi del libro, in cui sostiene che il docente deve stare al passo con le novità e con tutto quello che concerne il mondo dei giovani, e questa condanna dello strumento. Comunque è vero: il pc o si odia o si ama e non esiste una via di mezzo. Anzi, potrei azzardare una terza ipotesi, senza rischi di sbagliare: o lo si teme.

Io faccio parte della categoria di coloro che lo amano e che lo trovano utilissimo per la propria professione: quanto risparmio di tempo, quanta facilità, quanto aiuto nella ricerca! Il pc mi permette di utilizzare programmi che mi semplificano la vita (vd. l'uso di excel per i calcoli, i grafici, le formule e quant'altro; oppure l'uso di word per la stesura di relazioni che posso riproporre con le dovute modifiche; vd. ancora internet per la ricerca dove posso trovare tutto, ma proprio tutto quello che cerco…) e che mi permettono di dare sfogo alla mia creatività (vd. power point per le presentazioni di vario tipo e front page per la creazione di pagine web. A tal proposito, faccio un po' di pubblicità al sito del mio istituto, creato insieme ad una collega quattro anni fa, che ora è cresciuto e ha avuto il contributo di un altro gruppo di docenti: www.icbisuschio.it).

Anch'io, all'inizio, temevo questo "mostro metallico", ne avevo proprio paura e nemmeno osavo toccarlo: temevo che, schiacciando i tasti e dando i comandi sbagliati, potesse succedere chissà che cosa. Poi ho deciso di affrontarlo e mi sono accostata per gradi alla sua conoscenza con l'aiuto di colleghi già esperti e degli stessi ragazzi che ne sapevano più di me, fino a quando ho deciso che volevo conoscerlo bene e sfruttare al meglio quanto poteva offrirmi. Così mi sono messa a studiarlo, a studiarne i programmi, il funzionamento e l'applicazione alla didattica. Ora non potrei più farne a meno. Non solo, credo che questo strumento mi abbia avvicinata ancora di più al mondo dei miei ragazzi, perché loro arrivano alle scuole medie che già ne conoscono l'uso e sono curiosi e desiderosi di imparare di più.

Da qualche anno, gestisco con una collega il laboratorio web del pomeriggio e qui insegniamo ai nostri allievi a creare e confezionare pagine per l'aggiornamento e l'arricchimento del nostro sito e loro imparano, divertendosi e sviluppando la propria creatività.

Come vede, il pc non è poi un mostro e nemmeno uno strumento che divide, ma piuttosto è qualcosa che accomuna docenti e allievi che lo utilizzano e che rimangono ugualmente in relazione tra loro. Posso esser d'accordo con Lei sul fatto che la macchina non possa sostituire la persona, nell'insegnamento, ma non è a questo scopo che è stata creata o che viene utilizzata.

Resta fermo il fatto che l'attore principale del rapporto educativo resta sempre e comunque l'essere umano.

E vengo alla contestazione di un altro punto: quello relativo alla VALUTAZIONE.

Mi sento di contestare vivamente la Sua affermazione secondo cui questa dipenderebbe dallo stato d'animo del docente.

Se così fosse, mi sentirei pusillanime e meschina. E non posso e non voglio credere che esistano docenti che valutino i propri allievi a seconda di come hanno la luna in quel momento, dei problemi che hanno a casa, del piede con cui hanno toccato terra appena scesi dal letto la mattina. E voglio sperare di non dovermi mai ricredere su questo: *esiste un'etica professionale che va al di là delle questioni personali!*

Il fatto che l'errore dell'allievo venga caricato, invece, è spesso vero. Spesso noi insegnanti lo facciamo pesare, ma non per cattiveria o per una forma di sadismo, bensì per pungolare il ragazzo, affinché la volta successiva presti maggiore attenzione. Questo comportamento (errato) lo ritrovo anche in me, a volte, quando richiamo gli allievi sui loro sbagli e glieli faccio notare, sottolineandone magari l'assurdità. E non lo faccio per denigrarli davanti alla classe, né per prendermi gioco di loro (e spero che di questo si rendano conto), ma perché comprendano a propria volta l'assurdità sulla quale bastava magari riflettere un po' di più per evitarla. Non ho mai ridicolizzato l'errore. Però... ecco, sì, una cosa non l'avevo mai considerata prima d'ora e la Sua lettera mi ha portata a rifletterci sopra: il significato psicologico di cui l'alunno può caricare il proprio errore.

Dico spesso ai miei ragazzi: NON CONSIDERATE L'ERRORE UNA CATASTROFE: LO SBAGLIO SERVE PER CAPIRE COME LE COSE NON VANNO FATTE. CONSIDERATELO IN POSITIVO: E' UNO STIMOLO A FAR MEGLIO E NON RICADERCI PIU'. Hai sbagliato? Hai preso un brutto voto? La prossima volta sono sicura che andrà meglio. La verifica è stata un disastro? Non ti preoccupare: ti rifarai con l'orale, magari preparandoti

18

su un argomento a tua scelta. Quando ti sentirai pronto, me lo dirai, ti interrogherò e rimedierai il brutto voto. Non è la fine del mondo una verifica negativa e non lo sono nemmeno due, se servono a capire. Come qualcuno ha detto "non si nasce imparati", "sbagliando si impara", "si impara a fare facendo, anche facendo male"…

E veniamo all'argomento PUNIZIONE.
Se ricordo bene, Lei ha distinto due tipi di punizioni: quella *psicologica*, legata al voto e al giudizio, e quella *educativa*, "necessaria" per insegnare a vivere, per raddrizzare un atteggiamento che altrimenti non permetterebbe all'allievo di provare piacere per la scuola. Inoltre, si è detto contrario alle punizioni, perché provocherebbero, a Suo giudizio, effetti che "vanno oltre", in quanto legati alle singole personalità. Lei ha sottolineato come queste possano generare ferite profonde, tali da compromettere lo sviluppo dell'Io, potendo essere vissute come RIFIUTO DELLA PERSONA.
Anche qui c'è da riflettere… Non mi sento assolutamente di darLe torto, perché ricordo ancora come vivevo io stessa, da scolara, le punizioni della maestra, quando non avevo svolto bene il compito. E quelle punizioni consistevano in una sgridata, nello strappo del foglio, in uno sguardo di disapprovazione e nel tornarmene mogia al posto a rifare tutto, sotto lo sguardo attento dei miei compagni e le occhiate inquisitrici dei più bravi, i cosiddetti "secchioni", che, sotto sotto, ci godevano sempre un po' nell'essere elogiati e nel vedere che altri, invece, venivano denigrati per i loro errori. Ricordo che la maestra aveva l'abitudine (oggi direi il brutto vizio o il cattivo gusto) di mettere alla gogna l'artefice dell'errore, portandolo ad esempio negativo sul come NON FARE.
E la persona colpita in quel momento si sentiva umiliata e svilita.
Ma c'è punizione e punizione e ci sono diversi motivi per metterla in atto. Ci sono comportamenti negativi che vanno corretti, affinché non degenerino in altri ancora peggio, e trovo giusto punirli. Ora, non so bene a quale tipo di punizione si riferisca Lei, nel condannarla o se le condanni comunque tutte in toto, per il solo fatto di essere punizioni.
Ma io credo che a volte si renda necessario punire dei comportamenti, onde evitare di cadere nel permissivismo.
Probabilmente, Lei vorrebbe, a questo punto, interrompermi e parlarmi di altre doti del bravo docente, quali la fermezza e l'amorevolezza, con

le quali affrontare le situazioni negative, doti che appartengono al bravo educatore così come al bravo genitore. Devo dire che non è facile ricorrere a queste due doti: occorre essere persona molto equilibrata e pienamente calata nel ruolo educativo in ogni situazione; occorre saper tenere a freno gli impulsi e l'istinto; occorre razionalizzare il momento, l'hic et nunc. E questo non sempre è possibile. Siamo umani, giusto? E come tali siamo soggetti a stati di emotività a volte difficilmente controllabili (e Lei che è psichiatra lo sa certamente meglio di me) e razionalizzabili, quindi preferiamo ricorrere alla via più semplice e immediata, quella che ci costa minor fatica, anche se poi non è detto che dia, alla lunga, frutti postivi, cioè quella della punizione.

Parlo anche come genitrice: con i miei figli, nelle situazioni complicate, ho sempre cercato prima di tutto il dialogo, ma quando mi rendevo conto di non riuscire a venirne fuori, trovavo come unica soluzione il ricorso alla punizione, che, effettivamente, poneva fine al conflitto, salvo scatenare ire e risentimenti da parte loro nei miei confronti. E' vero, lo riconosco: la punizione non può essere considerata il metodo educativo risolutivo e forse non dovrebbe nemmeno essere considerata un metodo educativo. So che la psicologia è contraria a questo sistema, ma a volte è veramente troppo difficile trovare altre soluzioni. Con i miei figli, come ho già detto, ho adottato sin da piccoli la tecnica del dialogo, dello spiegare il perché non dovevano comportarsi in un certo modo, ma, alla fine, questi eccessivi chiarimenti, hanno generato in loro l'atteggiamento di coloro che sono alla "pari" con me, degenerando in un clima educativo veramente complesso, dal quale non ne uscivo più vincitrice. A volte, nei momenti di maggiore difficoltà, mi sono rivolta ad uno psichiatra, il quale mi ha detto che avevo fatto male a cercare il dialogo e il ragionamento con i bambini piccoli, perché con loro bisogna solo usare le regole e la fermezza, senza dare spiegazioni di sorta. E' solo verso l'adolescenza che si rende necessario spiegare le motivazioni sottese ad un diniego. Parlando molto con loro, li avevo inconsapevolmente portati al mio livello, perdendo così ogni autorevolezza. Niente o poche spiegazioni, dunque e più fatti. Lo stesso psichiatra mi aveva consigliato più castighi nell'infanzia e nessuno nell'adolescenza.

A scuola, le forme punitive più diffuse oggi sono la nota, la copiatura del compito o di frasi del tipo NON DEVO PARLARE, la convocazione dei genitori, l'invio dell'alunno in presidenza e, nei casi più gravi, la sospensione.

Ma torniamo al Suo punto di vista: Lei è contrario alla punizione. Allora, mi dica, che cosa farebbe se un alunno le sbattesse violentemente il libretto sulla cattedra e la mandasse più o meno educatamente a quel paese (posso garantirLe che ci sono alunni che dispensano dei vigorosi VAFFA, senza farsi troppi problemi, ai loro insegnanti)? A me è capitato.

Un mio allievo, uno di quelli caratterialmente molto difficili, un soggetto disadattato, difficile da recuperare sul piano educativo e impossibile su quello didattico, uno di quelli, per intenderci, che costituiscono fonte di disturbo continua per l'intera classe, che provocano continuamente compagni e insegnanti, che mettono a dura prova la pazienza anche di un santo, una mattina, si rifiutò di portarmi il libretto, sul quale dovevo trascrivere l'ennesimo giudizio negativo. Aveva disturbato tutta la mattina, impedendo ai compagni di seguire la lezione (era un soggetto senza regole di sorta, che faceva tutto quello che gli veniva in mente di fare, senza prestare attenzione al fatto che si trovasse a scuola, per cui si alzava dal posto senza chiedere il permesso, girava per la classe, facendo dispetti ai compagni, tirando "coppini", facendo cadere libri e quaderni, dando di gomito per far sbagliare a scrivere…, parlava in continuazione e non era sensibile ai richiami dell'insegnante. Mi era già stato segnalato da alcuni compagni per i suoi atteggiamenti da bullo, da boss della classe: minacciava, alzava le mani, se la prendeva coi più deboli, approfittando dei momenti di passaggio del docente da una classe all'altra o dell'intervallo o degli incontri in bagno o ancora dei momenti fuori dalla scuola, durante il tragitto. Gli avevo parlato più volte, cercando di fargli capire che i suoi atteggiamenti non erano corretti, che venivano da qualche problema che lui stesso aveva dentro, da un disagio profondo del quale avrebbe potuto parlarmi in qualsiasi momento, se lo avesse voluto, perché io ero disponibile ad ascoltarlo e andargli incontro, ma non c'era mai stato nulla da fare. Avevo persino contattato la psicologa che la scuola mette a disposizione con lo "sportello". Nulla…). Al momento di consegnarmi il libretto per la registrazione della valutazione della verifica, che peraltro si era rifiutato di svolgere, consegnando il foglio in bianco, oppose ferma resistenza, assumendo un atteggiamento di sfida. Dovetti insistere ripetutamente (è nostro dovere trascrivere i giudizi, in modo che le famiglie possano avere un riscontro dell'andamento scolastico dei figli) per avere il libretto. Si avvicinò con fare minaccioso alla cattedra, me lo sbatté davanti, accompagnando quel gesto con un sibilante vaffanculo!

Che cosa avrebbe fatto Lei, dottore? O meglio, Le domando, che cos'avrei dovuto fare io? Incassare insulti davanti alla classe, autorizzando tutti gli altri a fare altrettanto, oppure avrei dovuto mettere in atto una punizione? E non mi dica che avrei dovuto guardarlo con sguardo amorevole e sussurrargli parole di dolce fermezza! Se fosse stato mio figlio, gli avrei piazzato un ceffone, ma mio figlio non era... Mesi e mesi di provocazioni, mesi e mesi di sopportazione silenziosa e comprensiva della sua situazione... Come una bottiglia di champagne che viene agitata energicamente e il tappo parte da solo con un gran botto, così ho reagito io in quel momento, carica come mai mi era capitato prima di allora con nessun alunno. Ho perso le staffe, ho urlato con tutto il fiato che avevo, mi sono alzata in piedi di scatto e, a pochi centimetri dalla sua faccia, gli ho intimato tra i denti di uscire immediatamente dall'aula, che avrei poi informato il Dirigente scolastico, affinché fossero presi seri provvedimenti disciplinari nei suoi confronti. Ero così carica di veleno, accumulato nei mesi, che, se solo lo avessi morso, sarebbe stramazzato al suolo all'istante.

Fuori, lo sentivo inveire contro di me, con parolacce di vario tipo (in quel genere aveva un vocabolario molto ricco!), quasi stesse snocciolando un rosario di imprecazioni che si concludeva con un gloria al padre che recitava più o meno così: QUANDO QUELLA ESCE, LE SPACCO LA FACCIA!

Il giorno seguente non venne a scuola, ma ricevetti a casa una telefonata anonima:

"Pronto?"

"Vorrei parlare con Laura" dissero all'altro capo del telefono.

"Sono io" Risposi.

"Allora vedi di andare affanculo!".

Clic. Fine della comunicazione...

Quando lo rividi a scuola, non aveva più la forza di guardarmi negli occhi e io sentivo una stretta al cuore, perchè lo vedevo come un FIGLIO PERSO. Non ero arrabbiata con lui, non covavo alcun risentimento. Mi faceva male non potere più incontrare il suo sguardo e ancor più pensare a quello che poteva provare dentro. Lo vedevo piccolo, smarrito, indifeso, ferito. Avrei voluto abbracciarlo forte e dirgli che gli volevo bene. Così avrei fatto con mio figlio, dopo una lite furibonda, perché le liti, al di là di tutto, non minano un rapporto affettivo, se questo è forte e saldo. E così era l'affetto che provavo nei confronti di quel ragazzo, che aveva messo a dura prova la mia pazienza.

Quello è stato l'unico episodio negativo della mia carriera scolastica. E l'ho vissuto come una sconfitta personale: tutti i miei tentativi messi in atto per tentare di recuperarlo, almeno sul piano educativo, erano andati in fumo.

Forse Lei avrebbe un suggerimento per casi come questo? Che può fare un docente, di fronte ad un alunno così?
Più volte gli ero andata incontro, cercando il dialogo con lui, anche fuori dalla classe, più volte mi ero mostrata disponibile e aperta verso di lui, nonostante i suoi atteggiamenti. Ma a lui della scuola non importava niente. Ne avevamo parlato diverse volte. Lo avevo chiamato spesso in sala professori, nelle mie ore buche, per parlare un po' con lui, per cercare di capire i suoi interessi (a qualcosa doveva pur essere interessato, accidenti! Foss'anche il piantare patate!), i suoi pensieri, i suoi problemi e vedere se potevo, in qualche modo aiutarlo. Le sue risposte erano sempre le stesse: non me ne frega niente della scuola, non mi piace studiare, voglio andare a lavorare. Ma a scuola doveva comunque starci, almeno fino ai 15 anni. Tanto valeva che ci stesse con un atteggiamento diverso, magari positivo, sforzandosi di prestare attenzione alle parole degli insegnanti, che avrebbero potuto forse interessarlo, se solo ci avesse provato.
Per renderlo minimamente partecipe, gli affidavo incarichi di fiducia, tipo il capoclasse, l'addetto al ritiro delle verifiche e alla distribuzione delle cartellette, l'addetto al controllo dei compiti e degli avvisi firmati... Lo avevo eletto mio segretario personale, il mio braccio destro. Non c'era mai stato nulla da fare.
A volte dormiva in classe, altre mangiava due, tre, finanche quattro panini, mentre si faceva lezione, e non voleva sentire ragioni, quando gli si faceva notare che non era l'intervallo e non poteva farlo. Ma lui era al di sopra delle regole e se ne infischiava.
La sua fame smodata fece insorgere in me e in una collega il sospetto che si trattasse di "fame chimica". Aveva atteggiamenti ben definiti: passava dall'iperattività all'immobilità, dalla fame al sonno.

Ma non voglio dilungarmi oltre sulla storia di questo ragazzo. Mi piacerebbe, però, avere la Sua opinione al riguardo e qualche Suo consiglio, per sapere come affrontare casi come questo. Forse mi direbbe che è stata tutta colpa di noi docenti, che non abbiamo saputo interessarlo alla scuola. E io Le domando: COME SI PUO' INTERESSARE UN SOGGETTO SIMILE?

Vuole sapere se è stato bocciato? La risposta è ... NO. Cambiò scuola e venne promosso, non certo per meriti (sapeva leggere e scrivere a malapena), ma perché il corpo docente dell'altro istituto reputò INUTILE fermarlo e fargli ripetere l'anno.

Lei, dottore, si è dichiarato contrario alla BOCCIATURA, perché questa verrebbe vissuta come RIFIUTO ESISTENZIALE, in quanto l'allievo attuerebbe l'equazione SONO BOCCIATO = NON VALGO NULLA.

Sostiene questo in base alla propria esperienza di psichiatra, giustamente. E posso concordare con Lei su certi alunni, particolarmente sensibili, ma non su tutti.

La bocciatura, secondo Lei, sarebbe la peggior forma di punizione scolastica. Ebbene, credo di sì, ma a volte si rende necessaria, altre è da vedere piuttosto come una possibilità e non come una punizione. Ci sono infatti alunni immaturi, che non sarebbero pronti a proseguire gli studi in una classe di livello superiore e che, venendo promossi, si sentirebbero "lasciati" indietro, non riuscirebbero a raggiungere gli altri e soffrirebbero maggiormente, che non restando nella classe di ripetenza, dove troverebbero, invece, compagni alla pari con i propri livelli di sviluppo/crescita.

Capita, a volte, che siano le stesse famiglie a chiederci di tenere i figli ancora in quella classe, di non mandarli avanti, perché non li vedono "pronti". Naturalmente siamo poi noi docenti a valutare se accogliere la richiesta, in quanto giustamente fondata, oppure no.

Sarò onesta: mi ha molto infastidita leggere nella Sua lettera parole che mi sono sentita rivolte contro con tono aggressivo quali VERGOGNATI! E quel vergognati era riferito al docente che optava per la bocciatura di un allievo.

TU UCCIDI QUEL TUO ALLIEVO, BOCCIANDOLO (non sono le parole precise, ma il succo è il medesimo) E SEI RESPONSABILE DEL SUO SUICIDIO, laddove questo dovesse avvenire in seguito alla bocciatura.

Non sia mai! Dico io. Mi pare di avere letto tra le righe che Lei è a conoscenza delle motivazioni sottese ad una simile decisione da parte di un consiglio di classe o, come si usa dire adesso, in clima di riforma, di un'equipe pedagogica. Esse sono svariate: si boccia un alunno, perché non ha mai studiato, perché tutto l'anno ha vissuto in classe prendendo in giro se stesso e gli altri; si boccia, perché un alunno è immaturo; si boccia, perché ha accumulato troppe lacune; si boccia, perché ha dimostrato che della scuola non gliene importa niente; si boccia, perché non ha raggiunto gli obiettivi educativo – didattici minimi prestabiliti per l'ammissione alla classe successiva; si boccia, per educare alla vita, per far capire all'alunno lazzarone che non tutto gli è dovuto, che non sempre fare i furbi nella vita paga, perché questa riserva anche delle sconfitte.

E mi scusi tanto, se La contraddico qui, dicendo che se un ragazzo giustamente bocciato (perché non si boccia tanto per bocciare e tante volte, mi creda, si portano avanti casi "disperati") arriva a togliersi la vita, la colpa non è della scuola, ma sicuramente quel giovane ha/aveva dei problemi psicologici rimasti irrisolti.

Lei accusa i docenti e la scuola e ci attribuisce ogni responsabilità. Mi spiace: IO NON MI SENTO PROPRIO DI PRENDERMELA ADDOSSO.

Lei porterebbe avanti tutti: tutti promossi, dai più meritevoli a quelli che proprio non lo meritano e che della scuola se ne sono sempre fregati. Avanti tutti, che avanti c'è posto!!! Salvo poi fermarsi alle soglie della vita, quella vera, non quella che si legge sui libri, ma quella da affrontare tutti i giorni, quella della società degli adulti e del mondo del lavoro, dove nessun datore di lavoro oggigiorno assumerebbe un analfabeta, un ignorante patentato (e chi gli avrebbe dato la patente, poi? Ma la scuola, ovvio, perché da lì escono tutti, cani e porci!… E dov'è la serietà professionale? Dove la dignità?), senza competenze , che la scuola ha voluto portare avanti per evitargli *turbe psicologiche…* Allora sì, che mi vergognerei!

Mandare avanti un soggetto che non lo merita, può sortire solo due effetti, entrambi negativi, a mio avviso: DEMOTIVARE I MIGLIORI (chi me lo fa fare di studiare e darmi da fare? Tanto passano tutti!) e creare una futura società di ignoranti, incapaci e incompetenti che non si realizzerebbe mai nel lavoro e che allora, proprio allora!, sarebbero definitivamente dei falliti, dei perdenti che per sopravvivere sarebbero costretti ad elemosinare agli angoli delle strade o a rubare a chi, invece, nella vita l'impegno ce l'ha messo per davvero.

E non dimentichiamo che la vita è selezione e la scuola non può essere esclusa da questo, in quanto ne fa parte, essendo essa stessa uno "spaccato" di vita.

Lei ha più volte sottolineato che la classe è il vero soggetto dell'insegnamento, l'obiettivo e quindi, in base a questo principio, non avrebbe nessun senso punire il singolo.

L'educazione si fonda sul gruppo, sulla collaborazione, sulla solidarietà e sull'aiuto. D'accordo. Ma capita che anche una sola mela marcia contamini l'intero cesto. E il gruppo molto spesso è capace di emarginare chi lo rifiuta. Il problema, allora, sta nell'evitare che quell'una mela marcisca. Solo che a volte le mele arrivano a scuola già marce. Il problema risiederebbe, in quel caso, in famiglia.

Altra cosa che Le contesto è l'abolizione del voto o del giudizio, come pure di verifiche ed esami.

Ma allora, Le domando, su che cosa si baserebbe la scuola? Ha ragione quando sostiene che noi docenti ci annoiamo nel preparare le verifiche e ancor più nel correggerle, ma io personalmente le reputo necessarie, per poter valutare in modo oggettivo il livello di apprendimento dei miei allievi. Le verifiche sono un po' la cartina di tornasole dell'insegnamento.

E perché valutare? Ma se la immagina, Lei, una scuola che non dà giudizi? Sarebbe l'appiattimento completo, l'assenza di qualunque stimolo allo studio e all'impegno, l'assenza di quella giusta dose di competizione che Lei tanto contesta e che costituisce invece la molla per molti studenti a fare di più. E' vero, non è giusto studiare per il voto, ma, mi dica, senza voto, per il solo gusto e piacere di sapere, quanti alunni studierebbero? Colpa di noi insegnanti che non sappiamo affascinarli?

Mi sovviene alla memoria il periodo del 6 politico, delle interrogazioni di gruppo (perfino a livello universitario), durante la contestazione studentesca, quando uno solo studiava (il secchione di turno) e il voto lo prendevano tutti gli altri con lui. Non mi dica che crede nella validità di un simile sistema educativo? Qual è il significato di tutto ciò? Processo senza causa-effetto con l'aggravante che, comunque, la vita non dà tregua ed è subito pronta ad eliminare, secondo una sorta di "selezione naturale", chi resta indietro.

Lei si dice contrario ai compiti a casa e allo studio fuori dal contesto scolastico.

Posso essere in parte d'accordo, ma voglio sottolineare (pur non essendo una che assegna tanti compiti ed essendo anche una che ne assegna veramente pochi nei periodi di vacanza, perché riconosco che le vacanze sono vacanze e come tali vanno vissute!) che il compito si rende spesso necessario per fissare le idee, i concetti appena appresi, i contenuti nella mente dello scolaro.

Se è vero il principio, tra l'altro sancito dalla stessa pedagogia, che si impara a fare col fare, occorre dunque FARE. Reputo quindi necessario che i nostri ragazzi svolgano i compiti durante l'anno, in quanto questi servono prima di tutto a loro stessi per rendersi conto se hanno capito quanto spiegato durante le lezioni e per verificare se sono in grado di eseguire da soli, in forma del tutto autonoma, quanto appreso, testando le proprie abilità e, perché no?, anche le proprie competenze nella globalità delle discipline. Terminato l'anno, e perciò cessata la necessità di testare l'acquisizione dei concetti e via discorrendo, rimane solo la necessità di "mantenere fresco" nella memoria il ricordo di quanto appreso. Ecco perché i docenti assegnano i compiti per l'estate.

Certo, sarebbe bello che i nostri ragazzi potessero fare tutto a scuola ed essere liberi a casa! A chi lo dice!!! Parlo come mamma, che deve continuamente insistere con i propri figli, affinché facciano il proprio "dovere", quando voglia non ne hanno, e che deve troppo spesso mettersi a studiare con la figlia più piccola, se no da sola non lo fa. E le garantisco che, dopo una giornata di lavoro, a casa non vorrei più sentire parlare di scuola, compiti, lezioni da studiare…

Ma svolgere i compiti e studiare a scuola equivarrebbe a trascorrerci l'intera giornata oppure a sacrificare la maggior parte dei contenuti dei programmi ministeriali, che vanno pur portati a termine.

C'è sempre stato questo contrasto, questa lotta tra medici e insegnanti: i medici hanno sempre sostenuto che i bambini, gli studenti, a casa hanno il diritto di giocare, di svagarsi e non devono trascorrere il loro tempo su libri a quaderni (e in questo i ragazzi sono vostri fans sfegatati); ma mi permetta di dire che sarebbe un po' come sostenere da parte nostra che voi medici non dovete somministrare farmaci, per curare una certa malattia, perché danneggereste un'altra parte dell'organismo che non se lo merita, ma ha il diritto di essere lasciata in pace.

Gli insegnanti, da parte loro, hanno sempre caricato i loro studenti di compiti, sostenendo che altrimenti il cervello si "arrugginisce" e si perdono le nozioni acquisite.

Ricordo bene quand'ero piccola (ma anche da grande) che non vedevo l'ora che iniziassero le vacanze per riposare e trovarmi con gli amici a giocare, invece mi ritrovavo carica di una mole di lavoro estivo (soprattutto dalla scuola media in poi) che mi domandavo quale fosse la differenza tra l'andare a scuola e l'essere a casa. Oggi me lo domando con i miei figli, con tutti i compiti che devono svolgere durante l'estate (ma che razza di vacanze sono? Anche per noi genitori, intendo! Si finisce sempre per partire per il mare con libri e quaderni al seguito e con una buona dose di santa pazienza, ogni pomeriggio, prima scendere in spiaggia, per spingerli a studiare, magari dovendocene stare chiusi in casa con loro, finché non hanno terminato!). Così, da docente, mi sono sempre rifiutata per anni di assegnare questo tormentone sia per le vacanze natalizie, che per quelle pasquali ed estive, nella ferma convinzione che, se il cervello perde una parte dei contenuti acquisiti durante i mesi di lezione, li recupera col ripasso che si fa comunque all'inizio dell'anno seguente. Del resto, se uno ha sempre studiato e le cose le ha capite, basta una rinfrescata per ricordarle.

Tuttavia, un anno mi è capitata una cosa singolare: le stesse famiglie dei miei studenti mi hanno pregata di assegnare una buona dose di compiti per l'estate, perché volevano che i loro figli si mantenessero in esercizio e i ragazzi stessi lo volevano (cosa ancor più sorprendente!). Così, volontà comune di genitori e figli, ne ho somministrata una quantità comunque modesta.

Ho incontrato colleghi, nell'arco degli anni, che hanno criticato il mio dare pochi compiti e mi sono spesso sentita una mosca bianca nel gruppo, tuttavia concordo con voi medici su questo punto, ma solo ed esclusivamente per quel che concerne le vacanze, *non durante il periodo scolastico!*

Lei ha parlato anche del senso di vuoto che apparterrebbe alla scuola, causato dalla spinta a primeggiare, dalla tendenza a puntare l'attenzione sul singolo e non sul gruppo, che incoraggerebbe l'individualismo sfrenato e l'insorgere dell'invidia nei confronti di chi ha di più e che si vorrebbe avere a nostra volta, salvo, poi, una volta ottenutolo, desiderare altro e sentirsi comunque vuoti dentro.

Beh, questo atteggiamento credo contraddistingua oggigiorno tutta la società e non penso sia una caratteristica della scuola, né credo che la società sia diventata così, perché la scuola ha formato individui così. Non solo oggi, tutto è all'insegna del singolo. L'uomo è per natura egoista, pur avendo bisogno degli altri per vivere, in quanto "animale sociale", ma vuole comunque tutto per sé. E' sempre stato così e lo sarà sempre. Ricordiamo che già secoli addietro Hobbes parlava dell'uomo definendolo con un'espressione alquanto significativa: HOMO HOMINI LUPUS, cioè ogni uomo è lupo per l'altro uomo. Tuttavia, secondo il Suo parere, la scuola sarebbe fondata sull'Io e non sul gruppo classe e tutto questo porterebbe alle assenze sempre più assidue oppure alla passività del soggetto in classe o alla violenza contro la scuola (si vedano gli atti vandalici ai danni degli edifici scolastici e i "maltrattamenti" psicologici nei confronti dei docenti da parte degli allievi) o ancora all'abbandono scolastico, per giungere, nei casi limite, ad avvicinare i ragazzi all'alcool e alla droga.

Un quadro veramente tragico, non Le sembra? Il succo del Suo discorso mi pare che in sostanza sia questo: se i ragazzi d'oggi non hanno più valori, se si drogano e si perdono nella vita, se sono degli alcolizzati, se la società è fatta solo di arrivisti, che vivono di apparenza e non di sostanza, se nell'uomo regnano l'insoddisfazione e il vuoto esistenziale, la colpa è della scuola!

Mi dispiace, ma io questa colpa, questa responsabilità, non la riconosco né accetto che mi venga addossata. A questa stregua noi docenti potremmo essere paragonati ad un'associazione a delinquere, che plasma soggetti devianti, non a degli educatori, quali invece siamo.

Come Lei ha ben sottolineato, l'Io si impone anche in famiglia ad una certa età (parliamo di pubertà, ma soprattutto di adolescenza), cosicché questa diviene luogo di lotta e conflitto anziché di serenità. Se ho ben capito, la Sua osservazione vuole significare che il soggetto già vive una situazione di crisi e stress nel suo ambiente familiare, in questa fase, almeno a scuola dovrebbe trovare un ambiente non ostile, ma aperto e disponibile, tale da gratificare l'Io e rendere funzionali le doti del singolo nella dinamica del gruppo classe. Invece, sempre a Suo dire, la scuola, strutturata com'è per "graduatorie", danneggerebbe gli alunni senza alcuna distinzione di sorta. Infatti il danno sarebbe tanto degli ultimi (che tali resterebbero, senza possibilità di riscatto), quanto addirittura dei primi, esaltando in essi l'identità dell'IO VINCENTE, che sarebbe destinato a crollare al primo fallimento. Sempre a Suo dire, infatti, la SINDROME DEL PIU' BRAVO comprometterebbe la crescita dell'individuo.

Per tutti questi motivi, il Suo consiglio è LAVORARE PER GRUPPI, puntando tutte le nostre energie di docenti sulla classe e non sul singolo.

…

Qui inserisco una pausa di riflessione, perché riconosco del giusto e del vero nelle Sue parole, ma non riesco a realizzare COME CIO' SIA POSSIBILE, senza correre il rischio di perdere l'intero gruppo. O forse non intendo appieno il significato di quanto Lei intende dire.

Mi verrebbe da chiederLe CHE COSA VUOL DIRE INVESTIRE TUTTO SULLA CLASSE? COME SI FA A LAVORARE SUL GRUPPO, trascurando il fatto che esso è composto da SINGOLI, da INDIVIDUI, tutti diversi tra loro, nella loro unicità?

Ricordo ancora il dogma della pedagogia, appreso all'università, sul quale il buon professor Vico tanto insisteva: L'INDIVIDUO E' UNICO, ORIGINALE, IRRIPETIBILE!

Mi domando, allora, come possa appiattirlo, snaturarlo, assimilarlo al gruppo, cioè agli altri? Lavorare sul gruppo può significare abbassare i livelli più alti, senza permettere ai migliori o alle migliori potenzialità di crescere (e forse è quello che Lei vorrebbe) e non necessariamente sollevare coloro le cui potenzialità sono scarse o comunque limitate.

Il gruppo SPIANA, SMUSSA i picchi alti e, sì, anche quelli bassi, ma si corre il rischio che i bassi si adagino del tutto.

Le ho già detto che anch'io lavoro, a volte, per gruppi, ma non sempre. Ritengo che il lavoro debba essere elastico e spaziare, elaborare sì nuove strategie, adottando quella che, in quel momento, e in quella classe, pare essere la più idonea a sviluppare però le attitudini di OGNI SINGOLO.

Ma passiamo ora ad analizzare un altro passaggio della Sua lettera: L'essere contro.

Lei sostiene che l'ESSERE CONTRO è una spinta tipica dei ragazzi (ma non solo) che può essere incanalata sul piano educativo, in quanto non sempre costituisce un male.

Gli insegnanti non dovrebbero volere tutto tranquillo in una classe, ma dovrebbero accettare l'essere contro da parte dei propri allievi, intendendo questo atteggiamento come una risorsa che acquista significato, a seconda che sia TRASGRESSIONE, OPPOSIZIONE, RIVOLTA. E analizzo in breve, per chi legge, il significato di questi termini, rifacendomi alle Sue definizioni.

Nei confronti della trasgressione dovremmo usare una certa tolleranza, quando questa è finalizzata a garantire buoni seguaci, e come tale non va punita.

L'opposizione, invece, è una determinazione sistematica a fare l'opposto di quello che i docenti o i genitori dicono/chiedono.

Infine la rivolta è da intendersi come capacità di dire di no solo dopo avere valutato la richiesta, perciò corrisponderebbe ad una disobbedienza critica.

L'invito che Lei fa a noi docenti è quello di stimolare nella classe l'ESSERE CONTRO come occasione di crescita. E io accolgo di buon grado questo suggerimento e mi auguro che con me vogliano farlo tutti i miei colleghi. Non sono mai stata quella che ha chiuso la bocca ad un alunno perché la pensava diversamente da me. Sono favorevole al dibattito in classe sulle più svariate questioni, sono favorevole al confronto delle diverse opinioni, sono favorevole all'ascolto democratico del pensiero altrui.

Durante le mie ore di lezione, spesso, si avverte confusione, fuori dalla porta, perché io consento ai miei alunni di esprimersi, di dire la loro, li invito a farlo, perché è un momento importante per tutti, me compresa, per stare ad ascoltare le ragioni degli altri, dopo aver detto le proprie. Da parte mia, intervengo come moderatrice del gruppo e cerco di farli riflettere sulle diverse posizioni, facendo un po' l'ago della bilancia, perché capiscano che il punto di vista non è mai uno solo (il proprio) e unicamente col confronto si è stimolati a crescere e, soprattutto, a crescere tolleranti.

Per cui capita che si passi dal parlare di Carlo Magno al discutere di problemi di attualità sociale o magari dall'analisi di una cartina tematica si finisca a fare "lezione" di educazione civica, discutendo del comportamento scorretto di un compagno ai danni di un altro. E ogni volta mi sorprendo a chiedermi come abbiamo fatto a partire da un punto, per arrivare a un altro che, in apparenza, non ha niente a che vedere con quello. E devo dire che sono, per i ragazzi e per me, i momenti più coinvolgenti ed entusiasmanti della lezione, perché in quei momenti facciamo proprio LEZIONE DI VITA.

Non intendo trattare, a questo punto, le caratteristiche che fanno del docente *il buon docente*, in quanto le ho già prese in considerazione in altra parte di questa lettera, quella, per l'esattezza, in cui ho parlato degli insegnanti significativi della mia storia di studentessa e quella in cui ho elencato quelle che rappresentano tali qualità per me. Ne voglio, tuttavia, riportare l'elenco, secondo il Suo giudizio: AUTOREVOLEZZA, che diventa sicurezza per l'allievo, dal momento che è incarnata da una personalità convinta, convincente e coerente; PARTECIPAZIONE, intesa come voglia di dare e di fare; PIACERE DELL'INSEGNARE; BUONA TECNICA DI COMUNICAZIONE; SACRALITA' DEL RUOLO, nel senso che il docente non deve essere amico dell'allievo; e infine CARISMA. E aggiungo che mi auguro di possederle tutte, perché questo è il tipo di docente che voglio essere per i miei allievi!

A questo punto, è arrivato il momento di conoscere i miei alunni nella loro personalità, strutturata nelle tre dimensioni che la delineano: RAZIONALE, EMOTIVO – AFFETTIVA e di MATURITA' SOCIALE. Mi rifaccio nuovamente alla Sua lettera, dicendo che, per quel che concerne la dimensione razionale, non è detto che essa si manifesti sempre attraverso la brillantezza dell'espressione verbale e della ricchezza del vocabolario. E sono perfettamente d'accordo. Ho avuto alunni assolutamente incapaci di scrivere in un italiano corrente, utilizzando una forma chiara, scorrevole e sintatticamente corretta, che si esprimevano da far rabbrividire, eppure la componente razionale era ben articolata in loro ed effettuavano ragionamenti a volte sorprendenti.
La dimensione EMOTIVO – AFFETTIVA non ha bisogno di spiegazioni, in quanto mi pare di poter a ragione affermare che sia stata sviscerata più che sufficientemente in tutto il testo.
Per quanto riguarda invece la MATURITA' SOCIALE, dobbiamo intenderla come la capacità di relazionarsi con gli altri, soprattutto con chi non si conosce ed è legata al grado di capacità di subire le

frustrazioni.

Come Lei asserisce, è dovere della scuola occuparsi di tutte e tre le dimensioni, se veramente vuole aiutare gli allievi a crescere e se suo compito precipuo è INSEGNARE A VIVERE.

Ad un certo punto della Sua lettera, Lei ha contestato il fatto che la scuola obblighi gli alunni a trascorrere cinque ore sui banchi, asserendo che l'attenzione ha tempi molto limitati (40' al massimo) e che il doversi sforzare di stare attenti produce stress. Ha definito, inoltre, VIOLENZA quella dei compiti, un intervento assurdo che pesa su allievo e famiglia. Ma non voglio tornare su quest'ultimo punto, che ho già trattato. Mi soffermerei, invece, un istante su quella che è l'attenzione e sui suoi tempi.

Che dire? Ha ragione. E' esperienza comune di tutti noi docenti che i ragazzi già dopo la prima ora di lezione sono mentalmente "stanchi" e manifestano segni di inquietudine.
Che fare, allora, se le ore di lezione sono cinque (in alcuni casi addirittura sei!)? L'intervallo spezza un po' il ritmo a metà mattina, ma non è certo sufficiente.
Io adotto la tecnica delle discussioni di gruppo, ma non posso certo tenerla per cinque ore filate! Ci sono docenti che, invece, pretendono il massimo silenzio, la massima attenzione e la massima concentrazione e non transigono. Forse dovrebbero essere un po' più elastici e comprensivi, per non dire pietosi, nei confronti degli allievi.

Ricordo quand'ero liceale io stessa. Una mattina, dopo due ore di spiegazione di regole della sintassi greca, una mia compagna estrasse dalla tasca un fazzoletto bianco, lo legò alla riga e cominciò a sventolarlo, implorando pietà: la risata fu generale, compresa l'insegnante che si rese conto di avere esagerato.

Del resto, sulla questione dell'attenzione, lo sperimentiamo anche noi insegnanti, durante i corsi di aggiornamento: quando durano tre ore, ci viene già voglia di chiedere una flebo ricostituente!

Tornando alla tanto discussa questione dei compiti, Lei, dottore, afferma che la famiglia dovrebbe interessarsi della vita del figlio e della sua persona, non della scuola, mentre il fatto di sapere che noi docenti assegniamo da studiare ed eseguire esercizi di compito, fa sì che i

genitori si interessino più della scuola che del figlio stesso. E questo sarebbe alla base di gran parte dei conflitti genitori/figli. Un genitore, infatti, direbbe al proprio figlio, non appena varca la porta di casa (o poco dopo): "Hai compiti per domani?...Studia, se no non esci!...Fai prima tutti i compiti, poi potrai giocare..."
E' realmente così e lo confermo come madre "ansiosa", non come insegnante.
La prima cosa che chiedo a mia figlia, quando riesco ad andare a prenderla a scuola, compatibilmente con i miei orari, è: "Com'è andata stamattina?" La seconda: "Hai tanti compiti per domani?". E lo faccio perché so che, la maggior parte delle volte, i compiti suoi sono anche i miei e questo è fonte di stress e arrabbiature.
Con mio figlio, che è più grande, invece, la formula di rito cambia. Gli chiedo sì com'è andata, ma la seconda non è una domanda, bensì un'imposizione: "Fai i compiti e studia, mi raccomando. Non perdere tempo.". E lo faccio, perché so che lui mette tutto il resto davanti alla scuola: prima vengono le carte (tornei di "Magic"), poi le telefonate agli amici (ore ed ore), poi la tivù, la musica, la merenda, la play station, l'allenamento della pallavolo e, infine, il tempo che avanza lo dedica allo studio e ai compiti, svolti magari dalle 22.30 a mezzanotte. E così gli insegnanti mi dicono: "Ma, signora, suo figlio a scuola dorme! Si capisce che è stanco. Fatica a stare attento e non rende come dovrebbe."
Beh, mio figlio i suoi spazi se li prende tutti, ma proprio tutti e di certo la scuola non sta in cima alla scala delle sue priorità.

Ho notato che spesso Lei fa ricorso alla morte nel Suo scritto. Mi domando perché...

A Suo dire, il giovane fallito la cercherebbe e sarebbe compito della famiglia chiedergli come la percepisca.
Le domando, vista la Sua esperienza nel campo, se sia un fenomeno così diffuso tra i giovani. Ne parlano soltanto o la cercano veramente?

Altrove, Lei ha parlato delle strategie che la famiglia mette in atto nei confronti della scuola: se si tratta di una famiglia ricco borghese, l'atteggiamento sarebbe quello di ATTACCO; se di famiglia economicamente emergente, di LAMENTO; se invece di famiglia POVERA, l'atteggiamento è quello di DISGRAZIA, in quanto la scuola verrebbe realmente vista come una disgrazia che sottrae i figli al lavoro.

Devo riconoscere, come insegnante, che le cose stanno esattamente come Lei dice. Ne vediamo e ne sentiamo di tutti i tipi, ma sono tutti riconducibili a questi tre. Ci sono addirittura famiglie che, se potessero, verrebbero in classe ad insegnare loro stesse al nostro posto; ci contestano i voti, il metodo di insegnamento, tutto! Ce ne sono altre che vengono a piangere , ad elemosinare la promozione dei figli, riversandoci addosso tutte le loro disgrazie familiari. E ci sono quelle che dell'andamento scolastico dei figli non gliene può importare di meno e non si presentano mai ai colloqui e nemmeno al ritiro delle schede di valutazione.

Sono d'accordo con Lei sul fatto che la famiglia dovrebbe studiare con la scuola il piano educativo dei propri figli e devo dire che attualmente, con la riforma della scuola (non ancora della secondaria di secondo grado, però), c'è una maggiore attenzione e questo aspetto, specialmente con l'introduzione della figura del Docente Tutor che tiene i contatti con le famiglie e discute con queste, al fine di una maggiore, nonché migliore, conoscenza dell'allievo. Allievo che presenta delle caratteristiche quali la FRAGILITA', la FRAMMENTAZIONE, e l'ESTETISMO, come Lei ha ben fatto notare e come noi docenti possiamo constatare quotidianamente. La fragilità che è tipica del soggetto in crescita, che non ha ancora maturato profonde certezze; la frammentazione che deriva dal mondo attuale, fatto di sms, di mail, di linguaggi da cellulare e tutto ciò conduce alla cultura del frammento e alla povertà del linguaggio, come ha giustamente fatto notare. Ne sanno qualcosa i mass media: basta guardare "Zelig", per rendersene conto, nel personaggio interpretato da Pino Campagna, *Papi Ultrà*: "...mio figlio, quando parla con me, SLOGHEGGIA! Mia figlia Raffaella... e chi la capisce quella?..."

Anni fa avevo un collega che si arrabbiava tantissimo e metteva note agli alunni che osavano rivolgersi a lui chiamandolo *prof*. "Io non sono *prof!*" Diceva "Sono PROFESSORE! Andando avanti di questo passo, mangiandovi le lettere delle parole, finirete per diventare dei trogloditi!".

Infine la caratteristica dell'estetismo che si estenderebbe pure al gusto dell'orrido.

Purtroppo, la televisione ha molto contribuito a diffondere certi modelli, dissacrando valori fondamentali della vita. La tivù fa da padrona in casa e mette tutti a tacere, come dice Lei, o a litigare , aggiungo io, per la scelta del programma da vedere e , se ci sono più televisori, disgrega l'unità familiare. La Tivù ha di molto contribuito anche a creare quelli che Lei definisce gli EROI DEL NULLA, ragazzi che credono di compiere grandi gesta e che si sentono grandi, dissacrando la scuola e le istituzioni con gesti eclatanti, ma inconcludenti, che alla fine si ritorcono solo contro se stessi. E' il prezzo del progresso. Lo aveva già capito a suo tempo Leopardi, quando riteneva che l'epoca migliore dell'uomo fosse quella delle origini (Leopardi contrappone l'innocente e sereno stato di natura alla civiltà, condizione che ha reso l'uomo raziocinante, ma anche infelice) e lo aveva intuito anche Rousseau, col suo mito del buon selvaggio (*O Uomo, di qualsiasi paese tu sia, quali che siano le tue opinioni, ascolta: ecco la tua storia, quale ho creduto di poterla leggere non già nei libri dei tuoi simili, che sono menzogneri, ma nella Natura che non mente mai. Tutto quanto verrà da lei sarà vero, di falso non vi sarà che quanto vi avrò mescolato di mio senza volerlo. I tempi di cui parlerò sono ormai ben lontani: quanto sei mutato da quello che eri! È, per cosí dire, la vita della tua specie che mi accingo a descriverti, secondo le qualità che hai ricevuto, che la tua educazione e le tue abitudini hanno potuto depravare, ma non hanno potuto distruggere. Vi è un'età, lo so, alla quale il singolo individuo umano vorrebbe arrestarsi; tu cercherai invece l'età in cui desidereresti che la tua specie si fosse fermata. Scontento del tuo stato presente per motivi che preannunciano alla tua infelice posterità scontenti anche maggiori, vorresti forse poter tornare indietro. E questo sentimento deve costituire un elogio per i tuoi lontani antenati, una critica per i tuoi contemporanei e un motivo di spavento per coloro che avranno la disgrazia di vivere dopo di te [...].*
Concludiamo dunque dicendo che, errando nelle foreste senza lavoro, senza parola, senza domicilio, senza guerra e senza legami, senza alcun bisogno dei suoi simili, cosí come senza alcun desiderio di nuocer loro, persino senza mai riconoscerne alcuno individualmente, l'uomo selvaggio, soggetto a poche passioni, e bastante a se stesso, non aveva che i sentimenti e i lumi propri a quello stato, non provava che i bisogni veri, non guardava se non quanto aveva interesse di vedere e la sua intelligenza non faceva maggiori progressi della sua vanità. Se per caso faceva qualche scoperta non poteva farne parte a nessuno in quanto non riconosceva neppure i suoi figli. L'arte moriva con l'inventore; non vi era né educazione né progresso, le generazioni si moltiplicavano inutilmente e, poiché ognuno partiva sempre dal medesimo punto, i secoli scorrevano e rimaneva inalterata la rozzezza delle età primitive, la specie era

già vecchia e l'uomo rimaneva sempre bambino.
Se tanto ho insistito nella descrizione di questa ipotetica condizione primitiva è
perché, dovendo distruggere antichi errori e pregiudizi inveterati, ho creduto di dover
scavare fino alla radice e far vedere come, nel quadro del vero stato di natura, la
disuguaglianza, anche naturale, sia ben lungi dall'aver tutta quella realtà ed
influenza che i nostri scrittori pretendono...

L'introduzione della proprietà privata, secondo Rousseau, è stato un elemento
fondamentale per la nascita dell'individualismo e dei condizionamenti sociali, che
hanno corrotto gli uomini.

Il primo uomo che, avendo recinto un terreno, ebbe l'idea di proclamare questo è
mio, e trovò altri così ingenui da credergli, costui è stato il vero fondatore della
società civile. Quanti delitti, quante guerre, quanti assassinii, quante miserie, quanti
orrori avrebbe risparmiato al genere umano colui che, strappando i pali o colmando
il fosso, avrebbe gridato ai suoi simili: «Guardatevi dall'ascoltare questo impostore;
se dimenticherete che i frutti sono di tutti e che la terra non è di nessuno, sarete
perduti!». Ma è molto probabile che ormai le cose fossero già giunte al punto da non
poter più durare come erano prima...

J.-J. Rousseau, Discorso sull'origine della disuguaglianza, II).

Inutile negarlo: stiamo pagando lo scotto del progresso, della società
delle macchine, della tecnologia avanzata, del lusso, del benessere e
della comodità ad ogni costo.
Per stare meglio noi, abbiamo distrutto la natura e l'ambiente, abbiamo
inquinato aria, acqua e suolo, siamo riusciti ad avvelenare il mondo e
non siamo più disposti a tornare indietro, nonostante ci rendiamo
conto dello scempio che abbiamo prodotto, nonostante capiamo e
sappiamo che di questo passo, presto, un mondo nel quale vivere non
ci sarà più. E qualcuno, egoisticamente replica: che mi importa, tanto io
allora sarò già morto.
Dalla distruzione dell'ambiente circostante, l'uomo è arrivato alla
distruzione di se stesso e lo fa con entusiasmo. Mi riferisco alle
modifiche attuate sul proprio corpo mediante la chirurgia estetica: non
mi piace il mio naso, allora lo cambio; non mi piace il mio sedere, ne
affetto una parte; voglio labbra più carnose, le gonfio; non voglio
rughe, mi faccio tirare la pelle; il mio seno non è abbastanza
prosperoso, lo silicono, che problema c'è?...

E non pensiamo che siano solo le donne a fare queste cose, perché la chirurgia estetica sta riscuotendo un grandissimo successo anche tra gli uomini, che, a loro volta, sgrassano la pancetta, si sottopongono ad interventi di blefaroplastica, siringano le rughette e via discorrendo.

E da queste "piccole" aberrazioni siamo passati ad altre più grandi: le alterazioni genetiche, ad esempio, compiute su piante, animali e, potendolo fare, ancora un po' su feti umani. Programmeremo i nostri figli? *Come lo vuole, signora? Lo voglio maschio, bello, biondo, occhi azzurri, possibilmente che diventerà alto un metro e novanta, grazie. Quanto le devo?*

Il tutto per produrre esseri rispondenti alle nostre volontà. E che dire della clonazione? Grazie al cielo forse, ma sottolineo forse, c'è rimasto ancora un po' di buon senso e non abbiamo ancora osato varcare quel limite, ma mi chiedo fino a quando durerà…

Viviamo in un mondo in delirio e abbiamo perso il senso della semplicità, della genuinità, del trionfo dei sentimenti buoni e degli affetti sinceri e con questo stiamo perdendo la nostra vera essenza di uomini. Arriveremo all'autodistruzione? O ci sarà un'inversione di tendenza salvifica?

Intanto spetta a noi adulti (e non mi riferisco solo agli insegnanti, ma anche ai genitori e a tutti coloro che hanno raggiunto una certa maturità) occuparci e preoccuparci dei nostri giovani, affinché non si perdano dietro a modelli sbagliati e possiamo farlo solo educandoli senza pregiudizi, tirando fuori il meglio da ognuno, puntando sulla sua essenza di essere umano non contaminato da modelli errati, che una certa parte della società ci propina quotidianamente e possiamo farlo dando per primi il nostro esempio, all'insegna di una delle fondamentali regole dell'educazione: la coerenza.
Coerenza tra quello che penso, dico e faccio. Diversamente (e questo lo ha sostenuto pure Lei, dottore) i nostri figli cresceranno senza regole. Sta a noi adulti educatori fare in modo che queste vengano accolte dai ragazzi e quindi interiorizzate e fatte proprie, per poterle poi trasmettere ad altri, dopo di noi.

Ma, bando alle digressioni che rischierebbero di portarci fuori strada nel nostro discorso, torniamo dunque sul tema scuola.

C'è un altro passo della Sua lettera che condivido in pieno, quello in cui afferma che l'educatore può essere imperfetto (io direi che lo è inevitabilmente, in quanto essere umano) e deve poter ammettere i propri sbagli. E questo io l'ho sempre fatto, prima di tutto come madre, mostrandomi ai miei figli nel pieno delle mie difficoltà e debolezze. Qualcuno mi ha criticata per questo, dicendo che un genitore deve dare di sé un'immagine impeccabile, integra, senza debolezza, perché per un figlio deve rappresentare un punto di forza, un riferimento certo, che infonde sicurezza.

Forse questo qualcuno aveva ragione, ma io ho preferito seguire il cuore e non la ragione, non disdegnando di dire ai miei figli VI CHIEDO SCUSA, PERCHE' HO SBAGLIATO.
Non voglio che abbiano un'immagine di me irreale: voglio che mi vedano per quella che sono: uguale a loro e per questo in grado di capirli e di aiutarli.

Col tempo e con l'esperienza (o la maturità) ho trovato il coraggio di mostrarmi imperfetta anche come insegnante, senza pretendere di non commettere mai il minimo errore, temendo che questo avrebbe segnato la sottoscrizione del mio fallimento come docente. Gli alunni ci/mi giudicano, come fa notare Lei, ed è utile per me insegnante conoscermi attraverso i loro occhi. Lei ha raccolto in una classifica le diverse categorie di docenti che, immagino, avrà conosciuto attraverso gli incontri con giovani studenti.
Le riporto qui di seguito:
PROF FIGO, PROF CESSO, PROF DA PALCOSCENICO, INSEGNANTE SAMARITANO, VITTIMA, CATTIVO, MINIMALISTA, INGIUSTO, MITO, PROF IDEALE (che non c'è).

Non starò qui a dare una spiegazione di ognuno di questi tipi, per la quale rimando alla lettura della Sua LETTERA AD UN INSEGNANTE, ma dirò semplicemente che li rivedo tutti, individuandoli a mia volta in docenti che ho avuto io stessa in passato e pure in colleghi incontrati via via nel corso degli anni e nelle varie scuole in cui ho lavorato.

Sicuramente rientro anch'io in una categoria di queste. E dico solo che vorrei tanto essere collocata dai miei ragazzi in quella del PROF IDEALE, anche se Lei dice che non c'è…

E se è vero quello che Lei sostiene, che il buon insegnante è pieno di dubbi, allora mi sento di asserire che sono una buona insegnante, poiché non parto mai dal presupposto di essere detentrice di verità assolute; e se è altrettanto vero che il buon insegnante è colui che mostra come si esce dal dubbio, usando gli strumenti della ragione, nel campo del sapere, allora posso altrettanto dire che mi avvicino a questa figura.

Lei ha detto una grande verità, dottore, e cioè che C'E' DIFFERENZA TRA FARE L'INSEGNANTE ED ESSERLO.

E, a questo proposito, rimando all'appendice di questa lunga lettera, quella con la PREGHIERA DEGLI INSEGNANTI e la LETTERA ALLA TERZA D, scritta da me esattamente un anno fa, al termine di un triennio, momento in cui mi sono trovata a dover abbandonare i miei ragazzi, per affidarli ad altri docenti, ad altre scuole e ad altre realtà.

Non intendo dilungarmi oltre, per cui non analizzerò gli ultimi paragrafi della Sua lettera, quelli in cui tratta delle varie fasi della crescita e del legame di ognuna di esse con la scuola, anche perché non avrei nulla di più o di diverso da aggiungere al riguardo, rispetto a quanto ha già detto Lei.
E, nonostante le piccole divergenze di vedute che ci sono state tra me e lei in questo scambio epistolare, mi piace concludere questa mia con una Sua frase:

UN SENTIMENTO CI ACCOMUNA: ENTRAMBI AMIAMO I RAGAZZI CHE DEVONO ESSERE AIUTATI A CRESCERE, A MATURARE, A VIVERE.

A Lei rinnovo l'augurio di serenità e tanta gioia.

Laura Veroni

40

APPENDICE

PREGHIERA DEGLI INSEGNANTI

Benedici, Signore, questi ragazzi:
li sento miei
anche se non li ho generati
perché è in loro e per loro
che non morirò.

Faccio crescere granelli di senapa:
forse, non li vedrò arbusti
ma se il tuo Fuoco li penetra
con i rami sosterranno la terra.

Signore, proteggi i germogli che mi hai affidato.
La nebbia li fa sentire soli,
la sfiducia li intirizzisce:
aiutami a scaldarli con la mia estate.

Fammi silenzio per udirli,
fammi ombra per seguirli,
fammi sosta per attenderli,
fammi vento per scuoterli,
fammi soglia per accoglierli.

Di Te sono strumento.
Conosco il tempo e le stagioni:
verrà l'inverno
ed anche il cuore si fermerà.

Salperò per la foce
e le mie rive si inaridiranno.
Partirò per un viaggio,
ma non senza ritorno!

Nella luce e nel buio
io vi ritroverò,
nella rabbia e nella speranza
continuerò a vivere in voi.
Se vi rinnegherete, sarò il vostro tormento,
se vi supererete, sarò la vostra gioia.
Sarò la mano che vi trascinerà,
sarò la voce che vi farà gridare,
sarò il ricordo che vi farà tornare
alle radici della giovinezza.

Benedici, Signore, i ragazzi
a cui mi accompagno
perché sono miei figli:
il presente,
il futuro,
la mia eredità.

(Marcella Rizzi)

Cuasso al Piano,
24/06/2005.

Ciao, ragazzi miei!

Anche quest'anno è volato ed è giunto il momento di separarci.

Siete cresciuti e tra pochissimi mesi entrerete nel mondo dei grandi: quello delle scuole superiori.

Volevo salutarvi in modo diverso, con parole che restassero e non scivolassero via, come tutte (o quasi) quelle non scritte.

Volevo dirvi innanzitutto che **vi voglio bene**. Siete stati per me come dei figli. Ho trascorso tre anni bellissimi insieme a voi e vi porterò tutti nel cuore negli anni a venire, anche se col tempo sbiadiranno i contorni e, probabilmente, invecchiando, dimenticherò i vostri nomi (o forse no?)...

Vi abbraccio fortissimo e vi auguro ogni bene: CHE LA VITA POSSA ESSERE RICCA DI AFFETTI, DI SODDISFAZIONI, DI GIOIE E DI SERENITA'... e se qualche dolore intralcerà il vostro cammino, pensate a tutte le cose belle che avete vissuto, a tutte le persone che avete incontrato e che vi hanno "dato" qualcosa e affrontare le difficoltà sarà meno duro.

La vita è vostra ed è tutta davanti a voi: AFFRONTATELA CON GRINTA E DIGNITA' e sarete sempre fieri di voi stessi, così come lo sono io.

Spero di essere tra le persone che per voi hanno significato qualcosa di importante e mi auguro che non mi dimenticherete.

Un abbraccio grande, come il bene che ho per voi

La vostra prof.

Laura Veroni.